AF263095

LES
SOCIÉTÉS FRANÇAISES

DE DYNAMITE

LA NOUVELLE POUDRE SANS FUMÉE

Livrée à l'Allemagne et à l'Italie

PRIX : **50** CENTIMES

PARIS

LIBRAIRIE GÉNÉRALE L. SAUVAITRE

72, BOULEVARD HAUSSMANN, 72

1889

LES SOCIÉTÉS FRANÇAISES DE DYNAMITE

LA NOUVELLE POUDRE SANS FUMÉE

Livrée à l'Allemagne et à l'Italie

Les journaux français et étrangers ont signalé récemment un fait d'une haute gravité : l'Allemagne et l'Italie viennent d'être mises en possession d'une nouvelle poudre sans fumée, infiniment supérieure à celles dont leurs armées étaient pourvues.

Cette nouvelle poudre est-elle fournie à l'Allemagne et à l'Italie par des Sociétés ayant à leur tête des administrateurs français, parmi lesquels figurent deux sénateurs et un député français?

C'est ce que nous allons examiner.

Pour que nos lecteurs puissent facilement nous suivre dans cet examen, nous allons leur soumettre, aussi rapidement que possible, l'historique des Sociétés de Dynamites.

La Dynamite Nobel.

La Dynamite a été inventée par l'ingénieur suédois Alfred Nobel. Cette invention a donné lieu à la création de plusieurs Sociétés d'exploitation en France et à l'étranger.

C'est M. Barbe, député, ancien ministre, qui prit l'initiative de la création de la Société Française de Dynamite, dont les deux usines sont situées l'une dans les Pyrénées-Orientales, l'autre près d'Honfleur.

M. Barbe s'intéressa en outre dans diverses Sociétés créées en Suisse, en Italie, au Venézuéla, etc.

Ces Sociétés ont largement prospéré. Elles ont donné de très gros dividendes à leurs actionnaires.

Cependant, et pour diverses causes, leurs actions n'étaient pas parvenues à se faire adopter par le public, et elles restaient presque en totalité dans les mains des fondateurs ou de leur entourage.

Pour obvier à cet inconvénient, afin de faciliter l'écoulement de ces titres à la Bourse, on créa, en 1887, la Société Centrale de Dynamite. Cette Société, aujourd'hui au capital de 20 millions, divisé en 40,000 actions de 500 francs entièrement libérées, est une sorte d'omnium.

Son capital, en effet, se compose de 1,471 actions souscrites en espèces, et de 38,529 actions attribuées à diverses personnes au prorata de la remise faite par elles de :

1° 5,234 actions de la Société Française de Dynamite et de produits chimiques (procédés et brevets A. Nobel), ayant son siège à Paris ;

2° 6,613 actions de la Société de Dynamite espagnole, ayant son siège à Bilbao ;

3° 22,878 actions de la Société de Dynamite Nobel, dont le siège est à Isleten (Suisse) et qui, par suite de la fusion avec la fabrique située à AVIGLIANA, en Italie, est désignée sous le nom de : *Société de Dynamite Fusion* ;

4° 1,280 actions de la Société Continentale de Glycérines et Dynamites, dont le siège est à Paris ;

5° 3,718 actions de capital et 13,200 actions de jouissance de la Société Nationale Vénézuélienne de la Dynamite NOBEL, dont le siège est à Ciudad Bolivar ;

6° 1,000 actions anciennes et 554 actions nouvelles de la Société Nationale pour la fabrication des mèches de mineurs, dont le siège est à Paris ;

7° Et de 38.380 actions de préférence de la Zuid Affrikaansche, dont le siège est à Londres.

Ces chiffres sont extraits de l'*Annuaire des valeurs admises à la cote officielle de la Bourse de Paris, année 1888-1889*, page 1493.

L'actif de 20 millions de la Société Centrale de Dyna-

MITE se compose donc presque en totalité, moins les 735,500 francs provenant des 1,411 actions souscrites en espèces, des actions des diverses Compagnies remises à la Société Centrale contre la délivrance de ses 38,529 actions.

Naturellement, la Société Centrale reçoit chaque année les dividendes payés à leurs actions respectives par les diverses Sociétés de dynamite dont elle possède les titres, et, à son tour, avec le produit de ces divers dividendes, elle sert un dividende à ses propres actions.

Nous prions nos lecteurs de retenir ce dernier détail. Il contribuera, plus loin, à faciliter leurs appréciations.

Le but qu'ont voulu atteindre les fondateurs de la Société Centrale est facile à comprendre. Avec le capital restreint des anciennes Sociétés, la négociation des actions à la Bourse était, sinon impossible, du moins très difficile, tandis que la Société Centrale, avec son capital de 40,000 actions, a pu obtenir l'admission à la cote officielle de la Bourse au comptant et à terme. Ce but est parfaitement avouable.

La nouvelle poudre sans fumée.

EN ALLEMAGNE ET EN ITALIE

On a vu que le nom de A. Nobel figure dans les titres de plusieurs des Sociétés dont la liste précède. Il y a donc entre ces Sociétés et M. Nobel une solidarité d'intérêts étroite, permanente, officielle. Nous trouverons plus loin de nouvelles preuves de cette solidarité.

Un journal français publiait, à la fin du mois de juin dernier, une dépêche qui commençait ainsi :

Armée allemande

Berlin, 27 juin.

« Le ministre de la guerre vient de commander à la Société
« de Dynamite Nobel d'importantes livraisons de la nouvelle
« poudre sans fumée. »

Ce même jour, les actions de la Société Centrale de Dynamite, qui se négociaient aux environs de 490 fr., montèrent à 520 fr. Elles baissèrent ensuite au dessous de 490 fr., parce que la dépêche parlant de fabriques de dynamite étrangères, on supposa que les commandes d'une poudre faites pour l'armée allemande, ne devaient pas profiter à des Sociétés françaises, à la tête desquelles figurent deux sénateurs et un député français.

Mais, depuis, les choses se sont éclaircies, ainsi que le prouvent les documents qui suivent.

Voici d'abord une dépêche reproduite dans des journaux français, à la date du 25 juillet :

La poudre Nobel en Italie

Venise, 25 juillet.

« On presse très activement, ici et à AVIGLIANA, la fabrica-
« tion de la nouvelle poudre par le procédé Nobel.

« On dit que sa puissance explosible est trois fois plus forte
« que celle de l'ancienne poudre. Elle est sans fumée et même
« sans bruit. »

Ici il n'y a pas à douter. Avigliana est une localité italienne où se trouve, comme on l'a vu plus haut, une fabrique appartenant à la Société anonyme de Dynamite Nobel, dite Fusion, faisant partie du groupe des Sociétés Barbe et consorts, et dont 22,878 actions ont contribué à former l'actif de la Société Centrale de Dynamite.

En outre, nous avons sous les yeux une convocation imprimée d'assemblée d'actionnaires dont l'ordre du jour comprend, entre autres, les clauses suivantes :

« *a*. Lecture du Rapport des censeurs de la fabrique AVI-
« GLIANA ;

« *b*. Nomination des commissaires censeurs pour AVIGLIANA
« et Isleten et fixation de leurs honoraires ;

« *c*. Les actions doivent être déposées au moins cinq jours
« avant l'assemblée, à Paris, chez M. Géo Vian, 53, rue de
« Châteaudun. »

M. Geo Vian. l'un des lieutenants de M. Barbe, est administrateur de la *Société Centra e de Dynamite*, et des diverses autres Sociétés du groupe des dynamites.

Il résulte bien de ce qu'on vient de lire :

Que des commandes importantes de poudre sans fumée ont été faites pou' l'Allemagne aux Sociétés NOBEL ;

Qu'on presse très activement à AVIGLIANA la fabrication de la nouvelle poudre pour l'armée italienne ;

Que la fabrique d'AVIGLIANA fait partie du groupe des Sociétés de dynamite qui ont constitué l'actif de la *Société Centrale de Dynamite* dont M. Barbe, député, et MM. Naquet et G. Le Guay, sénateurs, sont administrateurs.

Il nous semble que l'examen pourrait se borner là, que la preuve est faite.

Suivons.

Les essais de la nouvelle poudre.

Veut-on, maintenant, se rendre compte de l'importance que les gouvernements étrangers attachent à cette nouvelle poudre, et des services qu'ils en espèrent ?

Voici, d'abord, l'extrait d'un journal allemand :

« On lit dans la *Berliner Volkzeitung* :

« La découverte de la nouvelle poudre, qui doit amener la
« transformation de la stratégique, a déjà révolutionné la
« fabrication des canons. Les canons d'acier ne sont pas
« propres à l'emploi de cette poudre et on est obligé de revenir
« au bronze. Il est donc probable qu'on demandera au Reich-
« stag, dans sa prochaine session, des crédits importants pour
« opérer cette transformation de l'artillerie. On doit s'attendre
« à une dépense de quelques centaines de millions, qui se
« répartira sur plusieurs années. »

Ainsi, la supériorité de cette nouvelle poudre est telle, que le gouvernement allemand ne reculera pas, pour en tirer le meilleur parti possible, devant la transformation de son artillerie, devant une dépense de quelques centaines de millions.

Il y a mieux encore. Dans la récente visite faite par l'empereur d'Autriche à l'empereur d'Allemagne, des revues, des grandes manœuvres de troupes ont eu lieu.

Les journaux français ont tous reçu des dépêches constatant les effets magiques produits par les essais de la nouvelle poudre.

Voici, entre autres, l'une de ces dépêches :

Berlin, *14 août*. — **Une petite guerre. La nouvelle poudre Nobel.**

« Cette petite guerre a été, à plusieurs reprises, troublée par
« de fortes averses.

« Le côté intéressant des exercices était l'emploi de la nou-
« velle poudre sans fumée.

« J'étais placé à trois cents mètres des troupes figurant
« l'ennemi, qui employait la poudre ordinaire, tandis que les
« troupes de défense se servaient de la nouvelle poudre.
« Il me semblait d'abord qu'elles ne répondaient pas au feu
« nourri des assaillants, mais, en m'approchant, je pus me
« rendre compte de l'effet vraiment extraordinaire de la nou-
« velle poudre. Il n'y avait absolument aucune fumée. Le
« bruit était insignifiant, celui d'une cartouche de chasse qui
« rate.

« L'empereur d'Autriche et toutes les personnes présentes
« ont été surpris ; on ne s'attendait pas à un pareil résultat,
« qui était rendu encore plus frappant par l'emploi simultané
« de la poudre ordinaire. »

C'est complet, on le voit, cette poudre est merveilleuse.

L'armée française est, depuis quelques années, en possession d'une poudre sans fumée et presque sans bruit qui, d'après nos généraux, d'après les hommes les plus compé·tents, assurait à nos troupes des avantages très considérables sur les troupes étrangères. Le monopole de cette poudre était jugé tellement précieux, tellement important, qu'on avait fait de sa fabrication un secret d'Etat. Tout militaire, tout individu accusé d'avoir détourné une cartouche de cette poudre, était traduit devant un conseil de guerre et impitoyablement envoyé au bagne.

Aujourd'hui, grâce à M. Nobel et à ses associés, les armées allemandes et italiennes vont être approvisionnées d'une poudre, sinon identique à la nôtre, ayant du moins des qualités analogues.

On ne doit pas pouvoir soupçonner que M. Nobel a pu, par un moyen quelconque, analyser notre poudre et la reproduire. Mais est-il interdit de supposer que le génie inventif de M. Nobel a pu être stimulé et guidé par l'existence de la poudre française ? Serait-ce la première fois qu'un inventeur n'aurait eu la pensée de créer un produit doué de certaines qualités spéciales qu'après avoir su que ces qualités spéciales avaient déjà été obtenues par un précédent inventeur ?

Quoi qu'il en soit, et même sans admettre que les procédés de fabrication sont les mêmes pour les deux poudres, on est obligé de conclure que les effets des deux poudres paraissent semblables et que, en résumé, soit d'une façon soit d'une autre, mais grâce à M. Nobel, qui l'a inventée, et grâce aux administrateurs qui la font fabriquer par leurs usines, les allemands et les italiens, à qui ils la vendent, sont maintenant en mesure de nous répondre avec une poudre sans fumée et sans bruit.

Il est vrai que, comme compensation, les Sociétés qui exploitent l'invention de M. Nobel en retireront de gros bénéfices.

Les aveux.

Pour bien des gens timorés, un simple aveu est préférable aux preuves. En cour d'assises, le jury est soulagé lorsque l'accusé avoue.

Nous venons de donner des preuves. Voici des aveux.

Le journal *le Réveil financier*, 4, rue de Choiseul, est l'organe attitré des Sociétés de Dynamites.

Ce journal est la propriété d'une Société civile dont l'un des administrateurs est M. Geo Vian, administrateur de la *Société Centrale de Dynamite*. Les neuf dixièmes des titres de cette Société civile appartiennent à la Société d'études, fondée par M. Barbe, et à M. G. Le Guay, tous les deux administrateurs de la *Société Centrale de dynamite.*

La Société anonyme la Correspondance des Rentiers, dont le siège est 4, rue de Choiseul, a affermé l'exploitation du journal *le Réveil financier*; elle est chargée de sa rédaction et de sa publication.

La Correspondance des Rentiers a pour administrateurs :

M. Arton, parent de M. Naquet, employé de M. Barbe, familier connu du Panama;

M. Louis Le Guay, frère de M. G. Le Guay;

Un troisième administrateur que l'on nous a dit être M. Robert, cousin de M. Barbe.

Les actions de la Société La Correspondance des Rentiers appartiennent, à peu près en totalité, aux Sociétés de M. Barbe et à M. G. Le Guay.

On voit donc que le *Réveil financier* est bien dans les mains de MM. Barbe, Le Guay et Naquet, qu'il doit agir et parler sous leur inspiration, qu'il est, en un mot, leur organe authentique et autorisé.

Naturellement, ce journal est bien renseigné sur ce qui se passe aux Sociétés de dynamite, et, forcément, il insère dans ses colonnes ce que ses patrons, qui sont en même temps ceux de la dynamite, jugent convenable de publier pour faire ressortir le prestige de leurs Sociétés et en faire monter les actions.

Ceci établi, voyons dans quels termes le *Réveil Financier* a annoncé la nouvelle invention de M. Nobel et la vente de la poudre sans fumée aux gouvernements étrangers.

Le *Réveil Financier* publiait, dans son numéro du 10 août, l'entrefilet suivant :

Société centrale de dynamite.

« Nous croyons savoir que des commandes très importan-
« tes *de la nouvelle poudre sans fumée* Nobel, *viennent d'être*
« *faites à une des fabriques de dynamite,* et que des pourpar-
« lers dans le même but sont engagés, à l'heure actuelle,

« par *divers gouvernements* auprès des *autres Sociétés du*
« *groupe de la Société Centrale.* »

Les Sociétés du groupe de *La Centrale*, vous les con-
naissez, nous vous en avons donné la liste plus haut.

Des pourparlers, dit le *Réveil financier*, sont engagés
auprès des autres Sociétés du groupe de *La Centrale* ;
donc celle des fabriques de dynamite qui venait de *rece-*
voir des commandes très importantes, appartenait aussi
au groupe de *La Centrale*.

C'est bien clair !

D'un autre côté, puisqu'au moment où le *Réveil Fi-*
nancier faisait cette révélation, des pourparlers étaient
seulement engagés avec *divers gouvernements*, n'est-il
pas évident que les commandes très importantes déjà
faites, n'avaient pu l'être que par l'Allemagne et l'Italie,
c'est-à-dire par les deux puissances qui ont déjà fait l'essai
et l'emploi de la poudre sans fumée ? C'est essai a-t-il été
fait dans d'autres nations ? Non. Donc, il est acquis que
les deux gouvernements qui ont traité les premiers, qui
ont fait les commandes premières, sont le gouvernement
allemand et le gouvernement italien. Les autres gouvernements sont ceux avec lesquels les pourparlers étaient
seulement engagés.

Pas de doute possible.

Dans son numéro du 17 août, le *Réveil financier*,
poussant à la hausse des actions de la *Société centrale*,
accentue, à deux reprises, ses révélations.

Il dit d'abord :

« Nous engageons les porteurs d'actions de la Société
« Centrale à conserver ces titres en portefeuille ; aux cours
« actuels, la marge de hausse n'est pas épuisée, loin de là,
« *car la plus-value de ces titres est due à l'exploitation par*
« *ses fabriques de dynamite de la nouvelle poudre sans fumée*
« *de l'ingénieur suédois*, M. Alfred Nobel, laquelle ouvre
« un champ des plus vastes et des plus féconds à toutes
« les Sociétés qui exploitent ses brevets. »

C'est bien explicite, n'est-ce pas ? L'aveu est bien dépourvu d'artifice. *La plus-value de ces titres est due à l'exploitation par ses fabriques de dynamite de la nouvelle poudre sans fumée de l'ingénieur suédois* Nobel.

Ses fabriques, cela veut bien dire les fabriques qui ont participé à la fondation de la Société Centrale, et dont cette dernière possède en grande partie les actions.

Ce sont donc bien les fabriques administrées par des Français qui produisent la poudre dont l'Allemagne et l'Italie ont pu s'approvisionner.

Inutile d'insister.

Dans ce même numéro du 17 août, le *Réveil financier* ajoute :

« Nous avons indiqué dans notre dernier numéro les
« commandes importantes de *la nouvelle poudre sans fumée*
« Nobel, *faites à l'une des fabriques de dynamite du groupe*
« *de la Centrale* et les pourparlers engagés *auprès d'autres*
« *Sociétés de ce groupe* : de ce fait, ces Compagnies déjà si
« productives vont recevoir un supplément de bénéfices
« qui devra naturellement profiter aux actionnaires de
« chacune d'elles et aussi aux *détenteurs des titres de la Société*
« *centrale.* »

Dans son numéro du 10 août, l'organe des Sociétés de dynamites disait : Nous croyons savoir... Dans le paragraphe qui précède, ce journal affirme : *Nous avons indiqué*, dit-il, *les commandes importantes de la poudre* Nobel *faites à l'une des fabriques du groupe de la Centrale...*

Cette fois, il n'y a plus rien à commenter, ce sont bien, et sans ambiguïté, les fabriques du groupe de la Société Centrale qui produisent la nouvelle poudre Nobel.

Mais, encore une fois, ces commandes importantes *faites*, par qui auraient-elles pu l'être, sinon par l'Allemagne et par l'Italie?

Dans les numéros qui suivent, le *Réveil financier* se montre plus réservé, sinon moins imprudent. Il entre dans des explications d'où s'échappent à chaque instant de nouveaux indices compromettants.

Nous n'avons pas à signaler ces indices. Les aveux qui précèdent sont surabondants. La question est jugée.

Nous devons cependant dire quelques mots au sujet de cette réserve que l'organe des dynamites s'efforce en vain de s'imposer. On nous assure que des observations auraient été faites, que peut-être des indiscrétions ont été commises, que des réflexions seraient survenues. Tout cela est possible, mais n'en ayant pas la certitude, nous n'avons pas à l'affirmer. Dans tous les cas, les premiers aveux restent, et il est impossible de les retirer.

On ajoute encore que quelques administrateurs de la *Société centrale*, effrayés des révélations du *Réveil financier*, et prévoyant la déplorable impression qu'elles pourraient produire sur la fibre patriotique française, seraient allés jusqu'à parler de leur démission. Nous répétons simplement ce bruit sous toutes réserves, ne voulant affirmer que ce dont nous avons la preuve, et nous n'avons pas cette preuve-là.

Ce que nous affirmons pleinement, c'est que cette velléité ferait honneur aux administrateurs à l'esprit desquels elle serait venue.

———————

La conviction de nos lecteurs est faite, insister sur la réalité et la gravité des actes mentionnés ci-dessus serait abuser de leur temps.

Comme tous ceux qui ont ou qui auront connaissance de ces actes, ils en seront douloureusement impressionnés. Ils se demanderont comment il peut se rencontrer des Français ayant le courage de supputer les bénéfices que leurs Sociétés réalisent en alimentant l'armée allemande d'une poudre de qualité supérieure. Ils se demanderont comment ces mêmes Français peuvent avoir l'imprudence de se vanter publiquement, dans le but de faire monter les actions de leurs Sociétés, de l'énormité de ces bénéfices. Ils se demanderont comment des hommes qui passent pour être intelligents, peuvent en arriver à un tel degré d'inconscient cynisme.

Et ils trouveront que tout cela ne peut s'expliquer que par une désinvolture résultant de la longue et constante pratique d'agissements sans scrupules.

La fameuse théorie *La force prime le droit* a laissé des adeptes. Dans la sphère des opérations financières et industrielles, certains individus en font des applications habiles. On en varie la formule, mais le fond reste le même. On se dit que l'argent domine tout, que les millions dédaignent la considération, que la fortune ignore le patriotisme, et, enhardis par les succès que l'on obtient dans la mise en œuvre de ces principes, on en arrive à tout, même à vendre de la poudre à l'Allemagne, et à s'en vanter.

Si nous avions à décrire un de ces types dont le passage à travers les affaires n'est, que l'on nous passe le mot, qu'un continuel *chapardage*, nous n'aurions qu'à choisir dans le tas, qu'à prendre un modèle et à le copier, en lui donnant son passé et son présent pour piédestal.

C'est une étude qui pourrait être intéressante, et qui nous tentera peut-être un jour.

Mais si nos lecteurs doivent se contenter de cette peu édifiante explication, il reste une considération sur laquelle ils se montreront moins faciles.

Nous vivons à une époque où nos hommes politiques ont été trop suspectés. Il faut, pour l'honneur de la France, diminuer autant que possible les causes ou les prétextes des suspicions.

Nous avons dit plus haut que tout individu accusé d'avoir détourné une cartouche de notre poudre sans fumée était rigoureusement envoyé au bagne, et voilà des sénateurs, MM. Naquet et G. Le Guay, un député, ancien ministre, M. Barbe, qui laissent fabriquer par les usines dont ils sont administrateurs, une poudre analogue destinées aux armées allemandes et italiennes, aux armées des puissances avec lesquelles un conflit avec la France est le plus à craindre !

Votre place, Messieurs, leur dira-t-on, n'est plus dans le Parlement français. Administrez vos fabriques comme vous l'entendrez, vendez votre poudre à qui vous voudrez, mais cessez de prendre part à la politique générale, à l'administration des intérêts généraux de notre pays, ces intérêts pouvant, à un moment donné, se trouver en contradiction avec ceux de vos actionnaires.

Et il se rencontrera certainement, dans l'une ou l'autre des deux Chambres, quelques membres assez soucieux de la dignité du Parlement français, pour rappeler à la pudeur ces imprudents collègues.

Les actions de la Société centrale de dynamite

Les actions de cette Société peuvent monter beaucoup. Elles monteraient énormément si leur hausse se mesurait à l'étendue des services que l'Allemagne attend de la poudre Nobel.

Cependant, dans cet ordre d'idée, une question grave se présente.

Les agents de change de la Bourse de Paris vont-ils maintenir à la cote officielle des actions dont les dividendes seront procurés en grande partie par les bénéfices provenant de la fourniture d'engins de guerre à l'étranger ?

Nous ignorons ce qu'en penseront les agents de change ; mais ce dont personne ne doit douter, c'est qu'au premier bruit de guerre avec l'Allemagne ou avec l'Italie, les actions des Dynamites françaises seraient exposées à être conspuées et honteusement rayées de la cote et des négociations de la Bourse.

Allez vendre, dirait-on aux administrateurs, vos actions à l'Allemagne et à l'Italie, c'est-à-dire aux puissances que la possession de la poudre Nobel comble de joie, et dont elle a pu stimuler les velléités belliqueuses.

P. C

P. S. — Dans son dernier numéro du 7 septembre, le *Réveil financier*, organe des Sociétés de dynamites, confirme les dires qui précèdent. Si nous l'avions prié de délivrer à notre exposé un certificat d'exactitude et de conformité à la vérité, il n'aurait pu se montrer plus obligeant.

Oubliant toute réserve, ébloui par le prestige dont il veut entourer les actions de *La Société centrale de dynamite*, il publie un grand article consacré à mettre leurs chances de hausse en évidence.

Nous reproduisons, de cet article, les extraits suivants :

« L'horizon de la *Société centrale de Dynamite* est désormais
« plus étendu : elle a la bonne fortune que les Sociétés latines
« qui se groupent autour d'elle et dont elle est l'usufruitière
« et la *régulatrice*, vont produire la poudre sans fumée NOBEL
« que nous allons tout à l'heure pouvoir apprécier au point
« de vue technique par les explications précises dues à une
« plume autorisée, mais dont pour le moment nous ne vou
« lons qu'envisager les résultats financiers. »

Les résultats financiers ! C'est bien cela. Et les scrupules patriotiques ? Cela n'existe pas.

Mais on constate, et c'est bon à retenir, que *La Société centrale* est la *régulatrice* des fabriques qui se groupent autour d'elle.

Les explications techniques annoncées, après avoir mentionné diverses tentatives pour arriver à fabriquer de la poudre sans fumée, aboutissent à cette conclusion :

« Après de nombreuses et longues recherches, M. Nobel a
« pu résoudre le problème.
« Sa nouvelle poudre peut se conserver dans l'eau ; de plus,
« à force égale, c'est celle dont le prix de revient est le plus
« bas, par suite de la substitution de la nitroglycérine à partie
« du fulmi-coton.
« Entre temps, en Allemagne, on fabriquait beaucoup de
« poudre contrefaçon de la poudre française ; mais, dans ces
« derniers temps, on l'abandonnait et voici pourquoi :

« Un pharmacien autrichien, en partant du fulmi-coton
« soluble dans l'éther alcool, a pu faire une espèce de collodion
« photographique. Il l'a laminé, puis découpé et en a fait une
« poudre qui ressemble singulièremant à du celluloïd.

« Quelle est la différence avec la poudre Nobel?

« Dans celle-ci, il n'entre que des matières combustibles,
« alors que dans l'autre il reste une partie de solvant mélangé
« à la matière. Cette poudre autrichienne doit être par consé-
« quent un peu plus lente et moins forte que celle de M. Nobel?

« C'est cette poudre que le gouvernement allemand semble
« vouloir adopter pour ses fusils. Elle est pour lui une se-
« conde fille adoptive, puisque la première était la poudre
« française contrefaite.

« En résumé, la poudre Nobel, à poids égal, développe plus
« de force que l'autrichienne et coûtera au maximum les deux
« tiers de celle-ci.

« Ce sont là des avantages très sérieux qui la placent au
« premier rang, mais il en est d'autres encore.

« L'Autrichien n'a pas encore trouvé le moyen de préparer
« sa poudre de façon *à ce qu'on puisse l'employer dans des canons,*
« tandis que M. Nobel fait absolument ce qu'il veut de la
« sienne, *qui a déjà servi au tir des canons de gros calibre.*

« En outre, elle offre aux artilleurs cette précieuse qualité
« que n'ayant pas de pores, la combustion ne s'en fait que par
« la surface et que, par suite, on peut calculer *à priori* la durée
« de combustion des grains.

« Les tirs faits ont démontré l'exactitude de ce fait et enthou-
« siasmé les artilleurs qui y assistaient. »

Vraiment, les artilleurs ont été enthousiasmés ! Mais
nous l'avons dit plus haut que les artilleurs avaient été
enthousiasmés. Et ce ne sont pas les artilleurs seuls qui
ont été pris d'enthousiasme. L'empereur d'Allemagne,
l'empereur d'Auriche, qui assistaient aux essais de la
poudre Nobel, l'ont été aussi et n'ont pas dissimulé leur
satisfaction.

Vous l'affirmez, *c'est la poudre Nobel qui peut seule
être employée par l'artillerie,* c'est elle qui a *déjà servi
au tir des canons de gros calibre.*

Or, les seuls canons qui se sont servis de cette poudre
sont les canons allemands et les canons italiens, et la poudre Nobel, c'est vous qui le dites, est la seule dont les
canons puissent faire usage.

Donc, c'est bien la poudre *Nobel* qui a été livrée aux armées allemandes et italiennes. Et puisque cette poudre est fabriquée par vos usines, ce sont bien les administrateurs de vos usines qui l'ont vendue à l'Allemagne et à l'Italie.

Enumérez, messieurs, les chances de hausse de vos actions. Dites aussi que ces chances deviendraient encore plus brillantes si l'Allemagne et l'Italie déclaraient la guerre à la France, parce qu'alors leurs armées consommeraient beaucoup plus de votre poudre. Vous pourriez dans ce cas calculer de combien chaque coup de canon tiré sur nos troupes augmenterait le dividende de vos titres, et ajouter que plus on enverrait de boulets et de mitraille à nos soldats, plus les bénéfices de vos Sociétés grandiraient !

———————

Paris. — Imprimerie Edmond May.

IMPRIMERIE EDMOND MAY